LINGUAGEM CORPORAL

Um Guia Inteligente Para Entender a Linguagem Corporal

(Guia Simples De Domínio, Elevação De Status E Comunicação Não Verbal)

Bruce Nipp

Traduzido por Daniel Heath

Bruce Nipp

Linguagem Corporal: Um Guia Inteligente Para Entender a Linguagem Corporal (Guia Simples De Domínio, Elevação De Status E Comunicação Não Verbal)

ISBN 978-1-989837-19-1

Termos e Condições

De modo nenhum é permitido reproduzir, duplicar ou até mesmo transmitir qualquer parte deste documento em meios eletrônicos ou impressos. A gravação desta publicação é estritamente proibida e qualquer armazenamento deste documento não é permitido, a menos que haja permissão por escrito do editor. Todos os direitos são reservados.

As informações fornecidas neste documento são declaradas verdadeiras e consistentes, na medida em que qualquer responsabilidade, em termos de desatenção ou de outra forma, por qualquer uso ou abuso de quaisquer políticas, processos ou instruções contidas, é de responsabilidade exclusiva e pessoal do leitor destinatário. Sob nenhuma circunstância qualquer, responsabilidade legal ou culpa será imposta ao editor por qualquer reparação, dano ou perda monetária devida às informações aqui contidas, direta ou indiretamente. Os respectivos autores são proprietários de todos os direitos autorais não detidos pelo editor.

Aviso Legal:

Este livro é protegido por direitos autorais. Ele é designado exclusivamente para uso pessoal. Você não pode alterar, distribuir, vender, usar, citar ou parafrasear qualquer parte ou o conteúdo deste ebook sem o consentimento do autor ou proprietário dos direitos autorais. Ações legais poderão ser tomadas caso isso seja violado.

Termos de Responsabilidade:

Observe também que as informações contidas neste documento são apenas para fins educacionais e de entretenimento. Todo esforço foi feito para fornecer informações completas precisas, atualizadas e confiáveis. Nenhuma garantia de qualquer tipo é expressa ou mesmo implícita. Os leitores reconhecem que o autor não está envolvido na prestação de aconselhamento jurídico, financeiro, médico ou profissional.

Ao ler este documento, o leitor concorda que sob nenhuma circunstância somos responsáveis por quaisquer perdas, diretas ou indiretas, que venham a ocorrer como resultado do uso de informações contidas neste documento, incluindo, mas não limitado a, erros, omissões, ou imprecisões.

Índice

Parte 1 1

Introdução 2

Capítulo 1   O Silêncio De Mil Palavras 6

Capítulo 2 Outra Linguagem Real.. 12

Capítulo 3 Como A Linguagem Corporal Impacta A
Comunicação - Feedback... 20

Capítulo 4   Como Usar A Sua Própria Linguagem Corporal
.... 25

Capítulo 5   Estratégia Básica De Análise De Pessoas 30

Capítulo 6   Linguagem Corporal Para Entrevistas De
Emprego 36

Capítulo 7   Seis Erro De Linguagem Corporal 42

Capítulo 8 Mitos Da Linguagem Corporal........................... 50

Conclusão 56

Parte 2 58

Introdução 59

Capítulo 1: Linguagem Corporal: Os Segredos Da
Comunicação Não Verbal 60

Capítulo 2: Melhorando Seu Carisma E Habilidades De
Persuasão 64

Capítulo 3: Construindo Seu Poder De Negociação 68

Capítulo 4: Linguagem Corporal Aumenta Nossas
Habilidades De Comunicação 72

Capítulo 5: Linguagem Corporal E Maior Percepção Nos
Relacionamentos.. 75

DETECTANDO INTERESSE 75
DETECTANDO RAIVA 76
SABER QUANDO ELA ESTÁ PERDENDO O INTERESSE 77

Capítulo 6: Linguagem Corporal Eleva Habilidades Sociais 79

Capítulo 7: Aprender Linguagem Corporal Promove
Autoconfiança 82

Capítulo 8: Linguagem Corporal E Liderança 85

Capítulo 9: Desenvolvendo Inteligência Emocional 89

Capítulo 10: Aprimorando Seus Relacionamentos Utilizando
Linguagem Corporal 93

Conclusão 97

Parte 1

Introdução

A linguagem corporal é uma língua universal. Todos nós usamos sinais corporais na comunicação não-verbal com os outros. A habilidade de entender a linguagem corporal é uma das mais valiosas ferramentas que você pode ter para entender os demais. Quando você entende o que realmente está sendo comunicado a você, isso leva a conversa a um nível inteiramente novo. Você é capaz de fazer as pessoas se sentirem bem. Você é capaz de estabelecer facilmente um profundo senso de relacionamento. Você se torna simpático. Todas essas coisas são extremamente úteis a você pois, no fim das contas, as pessoas gostam de dar amor, apoio, negócios, e o que quer que seja às pessoas que gostam.
Conclusão: Quanto mais você entende os pensamentos, sentimentos e necessidades de outras pessoas, mais poderá transmitir a elas o que elas precisam obter de você. O quanto mais você for capaz de se

relacionar com eles, mais simpático se tornará. Quanto mais simpático você for, mais você conseguirá aquilo que quer.

Entender a linguagem corporal não é nada difícil depois que você aprende o básico. É similar a aprender uma nova língua, já que você está aprendendo o significado de diferentes gestos e expressões.

O entendimento da linguagem corporal é utilizado em diferentes profissões. Geralmente, policiais recebem algum treinamento no entendimento da linguagem corporal já que é útil ao interrogar um suspeito ou ao conversar com uma testemunha. Ao usar a linguagem corporal da outra pessoa, o policial pode determinar facilmente se o indivíduo está ou não falando a verdade.

O entendimento da linguagem corporal é essencial na profissão educacional. Especialmente com crianças, é vital ao professor ter um entendimento da linguagem corporal. Geralmente, crianças não são totalmente capazes de expressar sentimentos utilizando vocabulário. Portanto, educadores devem ter um entendimento básico de linguagem corporal para entender por completo o que seus estudantes tentam comunicar.

Quando se trata de dar ordem ou transmitir mensagens, o entendimento da linguagem corporal tem um papel chave. Se as pessoas com quem você trabalha ou interage também possuem um entendimento da linguagem corporal, se torna fácil comunicar-se com eles. Adicionalmente, a combinação correta de linguagem corporal e comunicação verbal pode produzir uma comunicação mais efetiva.

O entendimento da linguagem corporal geralmente ajuda uma pessoa a descrever sua personalidade. Podem existir pessoas na sua vida que você conheça com as quais você nunca teve uma conversa, mas, ainda assim, você sabe como elas agem com base em suas expressões não verbais. É essa vibração de energia que você sente quando você sabe que alguém está de mau humor ou de bom humor. Você sente de alguma forma sem que eles digam uma palavra.

Porém, isso ocorre graças ao fato de seu subconsciente já entender e interpretar linguagem corporal. E o seu subconsciente lhe envia aquela informação que ele sabe através dos sentimentos que você percebe sobre a outra pessoa. Você não necessariamente sabe conscientemente porque se sente de certa forma sobre eles, mas você sabe que existe algo sobre eles que você ou quer experienciar mais ou quer evitar passar.

Este livro contém etapas e estratégias comprovadas sobre como interpretar e usar a linguagem corporal para comunicação sem depender de pistas verbais e vocais.

Você aprenderá dicas e técnicas para melhor entender como outras pessoas realmente se sentem quanto ao que dizem. Existem também truques para ajudá-lo a controlar como os outros te veem ao seu favor.

Capítulo 1   O silêncio de Mil Palavras

Você pode achar surpreendente ouvir isso a princípio, mas tomamos as principais e mais sérias decisões da vida com base nos julgamentos que derivamos da linguagem corporal. Eu sei que isso soa extremo no começo, mas perceba esses exemplos.

Eu poderia citar vários nomes e estudos agora, mas eu quero manter um nível pessoal no começo. Eu fornecerei todos os estudos mais tarde, mas a partir de sua própria vida, eu posso mostrar como você usa seus julgamentos quanto a linguagem corporal para moldar suas ações.

Você já viu entrevistas acontecendo em seu emprego. Você talvez até seja encarregado de conduzir essas entrevistas. Então, você provavelmente percebeu que as pessoas que são contratadas são aqueles que tem as atitudes sociais corretas. Eles fazem contato visual, apertam suas mãos firmemente. Eles não se inquietam, olham ao redor da sala, ou hesitam.

Em suma, eles parecem confiantes e competentes, então conseguem o emprego.

Mas este é só um exemplo. Considere o amor da sua vida. Se você vê um homem ou uma mulher aos quais você sente atração, e você espera conseguir a atenção deles, você automaticamente fará aquilo que chamará a atenção dele ou dela. Talvez você use os clichês de rir alto ou falar alto. Talvez você faça coisas para se exibir.

Se você percebe o interesse, isso só serve de combustível, mas se você vê que eles não se importam, que eles tem um anel no dedo, ou que simplesmente não possuem interesse em você, as ações cessam.

Você baseia suas ações no que as outras pessoas fazem.

Essa é uma verdade que vai além de nossas vidas sociais.

Em nossos tribunais, aqueles que estão sendo julgados por uma razão ou outra esperam conseguir um melhor resultado caso o juiz e o juri gostem deles. Isso é subliminar e muitas vezes subconsciente, mas se a expressão facial, contato visual, e pistas corporais deles como um geral impressionam aqueles ao seu redor, eles recebem uma sentença menor, ou talvez são liberados por completo.

Políticos também fazem parte deste reino. Em um estudo de Princeton, foi mostrado que o que percebemos na expressão facial de um político em apenas um segundo tem mais de 70% de influência em como votamos.

Por que?

Porque colocamos muita confiança em nossa própria percepção das coisas. Não como elas realmente são, mas o que achamos delas.

Você já conheceu alguém e descobriu que tinham um conhecido em comum? Talvez este conhecido é alguém que você não conhece tão bem, mas seu novo amigo conhece muito bem. Ele começa a te falar todo o tipo de coisa que você não sabia sobre esse conhecido, e você percebe que não sabia porque nunca perguntou.

Você vê essa pessoa, talvez diariamente, mas você nunca de fato conversa com ela. Talvez foi o olhar dela que fez você considerá-la não muito amigável sem nem conversar. Talvez foi a forma com que ela cruzava os braços, ou a maneira que ela sentava no almoço. Pode ter sido até uma combinação de qualquer uma dessas coisas, mas você percebeu que formou opiniões sobre essa pessoa sem nem ter conversado com ela.

Fazemos isso com as pessoas que conhecemos na rua, fazemos isso com aqueles que colocamos em posições de poder acima de nós, e fazemos isso com uns aos outros todos os dias.

Considere esse exemplo:
Você vê um de seus colegas de trabalho, alguém que geralmente está radiante e alegre, mas hoje ele não está sorrindo. Hoje ele mantém seus olhos em seu trabalho, não se move muito, e possui, no geral, uma atitude de guardar as coisas para si.

A partir disso, você deriva que ele deve estar de mau humor. Você não sabe porque, você não pergunta o porque, você talvez nem se importe com o porque, mas você se afasta dele e segue com o seu dia, simplesmente porque você assume o que ele está sentindo.

Um exemplo perfeito disso é a tendência social de categorizar certas pessoas com o termo "resting angry face" (traduz literalmente para rosto raivoso em repouso, se refere a pessoas que aparentam estar com raiva quando não fazem nenhuma expressão).

Se você já passou algum tempo nas mídias sociais, você conhece o termo. Talvez você até seja a pessoa que tem uma. Alguém que parece ser antipático pela forma do seu rosto.

Eles passam a vida, e são tratados como pessoas não muito amigáveis, baseado em como seu rosto parece em seu semblante natural. Há incontáveis piadas e vídeos feitos a partir dessa ideia, mas se você analisar os pormenores por trás dessa brincadeira, verá que eu estou certo.

Todos nós formamos opiniões e julgamentos baseados em nada mais do que a expressão facial. Então prosseguimos a tratar essas pessoas de certa maneira, votar nelas, ou formar opiniões gerais quanto a elas, tudo com base em uma percepção que temos sobre elas.

Veja bem, não estou dizendo que isso é certo ou errado, o que estou dizendo é que isso é verdade. E você pode usar essa verdade ao seu favor dando a impressão de que você é confiante, capaz, e fácil de se relacionar. Se você se porta como um líder, será tratado como um líder.

Capítulo 2 Outra Linguagem Real

Você talvez se lembre de ter a opção de aprender uma outra língua quando estava no ensino médio. Para algum de vocês, foi uma obrigação. Você teve que passar por um ou dois anos de aulas dessa língua, independente da sua vontade.

Apesar disso, você pôde escolher a língua que gostaria de aprender, seja francês, alemão, espanhol ou mesmo a linguagem de sinais eram opções em algumas escolas. Para todos que optaram pela linguagem de sinais, eu estou certo que você se lembra de crianças que argumentaram que fazer sinais com as mãos não era uma linguagem "real", e portanto não era uma matéria "real".

Entretanto, se você pegou essa matéria ou se já teve qualquer oportunidade de presenciar duas pessoas conversando em linguagem de sinais, você sabe que é de fato uma língua real e é difícil de aprender a princípio.

Depois temos as línguas mortas. Aquelas que ninguém fala mais, ou aquelas que tão

poucas pessoas falam a língua que ela não é mais considerada viva. Você provavelmente está pensando no Latim agora. Apesar de existirem inúmeros termos médicos, legais, e até religiosos em Latim, a língua é considerada morta.
Existe ainda outra língua que está viva e muito bem. Talvez a mais universal de todas elas, já que qualquer um pode lê-la sem qualquer das partes sequer falar uma palavra.

Estou falando da linguagem corporal.
Mas, você questiona, não é uma linguagem real.
Permita-me interrompê-lo por um segundo. A linguagem corporal, mais conhecida como comunicação não verbal nas ciências sociais, é a demonstração de uma emoção ou pensamento sem o uso de qualquer palavra.

Ainda não está convencido?
Considere o seguinte: nós como pessoas somos fascinados com a linguagem corporal. Se vemos duas pessoas do outro

lado da rua fazendo gestos agressivos um ao outro automaticamente paramos para ver o que vai acontecer a seguir. Se vemos por uma janela duas pessoas sendo próximas e apaixonadas, podemos assumir que eles irão um pouco mais longe.
Se uma celebridade ou funcionário importante faz ou se recusa a fazer um certo gesto, falamos sobre isso por semanas.

Por quê?
Porque queremos saber o drama que ocorre por trás. Queremos saber porque a pessoa fez ou não o gesto. Queremos saber porque as pessoas estão discutindo ou se algo mais acontecerá. Queremos saber mais sobre a história, pois a parte dela que percebemos através da linguagem corporal não foi o suficiente para satisfazer nossa curiosidade.
Ao mesmo tempo que você pode passar seu dia inteiro correndo atrás da última fofoca baseada em linguagem corporal, você também pode vê-la ocorrendo do seu lado durante o dia.

Sua acompanhante diz que não se importa com o local do jantar, mas "deu pra ver" durante o decorrer da noite que ela não queria ir ao restaurante que você escolheu. Seu chefe diz bom dia a você como sempre, mas você se pergunta se algo está errado pela forma com que a interação ocorreu.

Você não acha que a pessoa do serviço ao cliente te tratou com respeito, mesmo que ela não tenha dito nada grosseiro.

E, todos nós já passamos pela situação onde podemos usar a frase, "Ele/Ela não disse nada, mas não precisou. Deu pra ver...".

Em todas essas situações, você estava lendo linguagem corporal.

Lembre-se que todos estão lendo linguagem corporal durante o dia assim como você. Isso significa que eles estão lendo você.

O que sua linguagem corporal diz para o mundo.

Exercício 1.

Eu quero que tire um momento agora, e analise a forma em que está sentado. Independente de estar em um escritório, uma biblioteca, em casa, o que quer que seja, não mude nada em sua posição.

Pense sobre como você está sentado. Está agachado? De pernas cruzadas? De braços cruzados?

Está ocupando a menor quantidade de espaço possível? Ou, por outro lado, ocupando a maior quantidade de espaço possível?

Como você se apresenta para aqueles ao seu redor nesse momento?

Analisou a si mesmo? Ok, muito bem.

O que você acaba de analisar sobre si mesmo é chamado de expressão não-verbal.

Todos nós nos expressamos subconscientemente dessa forma, quer pensamos nisso ou não. A forma que você senta, se levanta, relaxa, fala com as pessoas surgirá da sua percepção de si mesmo.

Espera, o quê?
É isso mesmo. Todos nós nos portamos de acordo com o poder e dominância que sentimos possuir. E isto não é verdade apenas para humanos, animais também fazem o mesmo.

Se você já viu um porco-espinho ou um texugo, você sabe que eles tentam parecer tão grandes quanto podem quando confrontados com perigo. Eles fazem isso pois estão se exibindo para o que quer que seja que está de frente com eles.

Ursos fazem isso, aves fazem isso. Primatas fazem isso. Por todo lugar você vê diferentes animais fazendo a mesma coisa.
Imagine um peru ou um pavão. Eles se exibem por aí com suas caudas completamente abertas para que o mundo veja. Você pode concluir apenas olhando-os que eles não temem nada. Eles se apresentam ao mundo como eles se veem… os melhores.

As pessoas fazem exatamente a mesma coisa. Se você parar e pensar por um momento, considere as pessoas que conhece. Eles não caem, não olham para o chão enquanto falam com alguém. Eles se mantém eretos, de cabeça erguida e levam o mundo consigo.

Pense nos atletas que você vê nas Olimpíadas ou em jogos esportivos. Quando um deles vai bem, o que ele faz?

Levanta suas mão em forma de V, olhando ligeiramente ao céu, abrindo seu corpo largamente. Todos já vimos, e muitos de nós provavelmente também já fizemos quando ganhamos algo que trabalhamos duro para conseguir. Essa é uma expressão de poder e dominância.

É interessante notar, este é um ato que nasce conosco. Em outras palavras, não aprendemos a assumir aquela posição com base no mundo que vemos ao nosso redor. Alguém que é cego de nascença fará o mesmo quando ter esse sentimento, mesmo que nunca tenha visto sendo feito por alguém antes.

Mas o que fazemos quando nos sentimos impotentes?

O exato oposto. Quando sentimos a derrota, ou que não dá para ganhar em nada (literalmente ou figurativamente) fazemos a ação oposta. Jogamos nossos braços para dentro. Colocamos nossas pernas para dentro.

Tomamos a menor quantidade de espaço possível, tentando não fazer contato com o mundo a nossa volta. Pense nas pessoas que você já viu que fazem isso. Pense sobre sua reação para elas. Se é alguém que você não conhece, você provavelmente se pergunta o que tem de errado com elas.

Se você as conhece, você se pergunta se algo ruim aconteceu, ou se você sabe o que aconteceu, você sabe o porque eles fazem aquilo, e você talvez descreva isso como fraqueza ou 'fazer beiço'. Quaisquer que sejam seus pensamentos sobre, você lê o que as pessoas sentem baseado no que elas fazem nos dois sentidos.

Capítulo 3 Como a Linguagem Corporal impacta a Comunicação - Feedback

A razão pela qual seres humanos têm duas orelhas e uma boca é para falar menos e escutar mais. Mas você pensa diferente. Muito tempo de conversa é jogado fora no escritório perto do bebedouro, enquanto pouco trabalho é feito.

Em casos extremos, comunicação, verbal ou não-verbal, violenta é utilizada diariamente em várias relações humanas. No livro "Non-Violent Communication" ("Comunicação Não Violenta" em tradução literal), o autor Rosenberg ilustra a influência da comunicação violenta com palavras do poema "Words are Windows" ("Palavras são Janelas" em tradução literal).

"I feel so sentenced by your words,
I feel so judged, and sent away,
Before I go, I've to know,
Is that what you mean to say?"

Palavras de condenação são utilizadas casualmente no cotidiano, assim como as humilhantes microagressões da linguagem corporal. Você pode bloquear o canal de comunicação através da forma com a qual lida com o vocabulário ou movimentos corporais minuciosos. Você também pode se distanciar ou se isolar de amigos ou família condenando a linguagem corporal deles. A comunicação efetiva leva em conta todos os aspectos da vida humana incluindo a comunicação paralinguística. A comunicação paralinguística inclui características vocais como a nitidez, volume e ritmo, que contribuem para a comunicação.

"Significado está na mente", expressa a ideia de que o que é realmente pretendido com o discurso depende por completo da mente do falante.

"Um aperto de mão é um aperto de mão", pode ser uma expressão, mas qual o propósito do aperto de mão? O que ele expressa? Dominância? Bondade? Pena? Mas o significado que essas expressões indicam difere entre um lugar e outro. (A ilustração dada no início do próximo capítulo esclarecerá as diferentes interpretações e significados associados com o aperto de mãos).

A comunidade Gbeya da República Centro-Africana valoriza o silêncio durante a conversa e tal atitude é enfatizada pelo provérbio,

"A fala é algo interno, que quando voa atrai moscas". Até mesmo Salomão nos Provérbios afirma que um tolo pode ser considerado tolo, se permanecer calado. O horário das refeições tem um lugar especial nessa comunidade e cultura em particular. Incentiva-se pouca ou nenhuma conversa durante as refeições, a não ser que seja absolutamente necessário. Silêncio, ou pausa, tem diferentes significados em diferentes culturas.

Quais são os aspectos verbais da comunicação não verbal? Os mais notáveis são a expressão facial, gestos, contato visual, postura, e tom de voz.

O feedback fornece o caminho a trilhar na comunicação da linguagem corporal de quatro formas, são elas:

Quatro imporatantes maneiras de Feedback na Comunicação Humana

1. O feedback ajuda no ajuste da mensagem.
2. O feedback defende a abertura e a honestidade.
3. O feedback auxilia na identificação de metas alcançáveis.
4. O feedback age como um motivador.

O feedback pode lhe ajudar a ajustar suas intenções, "O que eu quis dizer...".

O feedback defende a abertura e a honestidade pois você pode de fato ver a alma através dos olhos. A comunicação pode interpretar textos e e-mails pois existe uma falta de contato visual e de leitura de expressões.

O feedback pode ajudá-lo a atingir suas metas alcançáveis medindo respostas. Isso é aplicável em situações de negócios como entrevistas de emprego ou até uma conversa pessoal com um cônjuge. O feedback age como um motivador ao expressar incentivo para continuar o fio da conversação. Se você está tentando pedir sua namorada em casamento, você pode se incentivar a continuar para ver o olhar de antecipação e alegria no rosto dela.

A comunicação não estaria completa sem sete sistemas de sinais descritos no capítulo de conclusão, sete.

Capítulo 4 Como Usar a Sua Própria Linguagem Corporal

Como mencionamos, linguagem corporal é uma forma de comunicação não verbal na qual pode-se enviar ou receber mensagens através de movimentos corporais, gestos, expressões faciais, e semelhantes. Existem vários atos de linguagem corporal que quase todos fazem em seu cotidiano. Entretanto, você sabe falar essa língua? Você consegue entender os demais apenas lendo a linguagem corporal? A importância de saber como falar através de linguagem corporal é que você tem a habilidade de assumir o controle das conversas que você tem com os demais, percebendo a pistas não verbais deles, e usando as suas próprias para lhes enviar mensagem que geralmente passam despercebidas pela mente consciente.

Espaço Pessoal

Cada um de nós tem seu espaço pessoal. É quase que uma zona de conforto. É uma região invisível que te circunda, e se alguém tenta invadi-la, você se sente desconfortável ou ameaçado. Porém, o espaço pessoal de cada um depende de certas situações. Alguém que cresceu na cidade com ruas lotadas tem um menor espaço pessoal comparado a alguém que mora na zona rural. Aprender a respeitar o espaço pessoal do outro é um método de fazer a comunicação através da linguagem corporal mais efetiva entre duas ou mais pessoas. Movimentos corporais e gestos são melhor recebidos e entendidos quando existe uma distância apropriada.

Gestos e Movimentos Corporais

Várias partes do corpo são utilizadas na linguagem corporal. Como já discutimos, suas mãos, braços, pernas, cabeça e postura corporal comunicam diversas coisas que são percebidas inconscientemente pelos demais. Quando você entende os sinais que você está enviando através de diferentes gesto que já discutimos, você está se expressando. Por exemplo, se você quer que outra pessoa saiba que você tem interesse por ele ou ela, ou pela conversa em geral, mantenha suas mãos abertas mostrando que você está aberto a ela. Se você tenta esconder suas mão da pessoa, como colocando-as no bolso, ela pensará subconscientemente que você está ou escondendo algo dela ou já está ficando entediado. Coloque a palma da mão para cima ou para fora e mostre-a que você está confortável e interessado. Além disso, inclinar seu corpo ou direcioná-lo para a pessoa é outro sinal de que você está escutando.

Você pode deixar uma boa impressão mesmo nas situações mais tensas, como uma entrevista de emprego. Simplesmente evite gestos que demonstrem nervosismo, desconforto, ou ansiedade. Esses sinais são desleixo, inquietação, bater com os dedos, bater com o pé, ou tremer. Essas ações retratam falta de confiança.

Você também pode falar pelo aperto de mão. Um firme, com a palma da mão apontando para baixo e o braço levemente estendido indica confiança e poder. Enquanto um franco com a palma da mão para cima indica tensão e timidez.

Também fique atento a mensagem que você tenta passar sempre que você cruza os braços. Essa é uma das ações a se evitar. Isso dirá ao outro que você está escondendo algo, mentindo, ou sendo impaciente.

Deixe que Seus Olhos Conversem

Seus olhos podem expressar com clareza o que você sente ou deseja. Contato visual é o elemento mais importante da linguagem corporal já que pode significar tantas coisas positivas como interesse, confiança, vontade de ouvir e sinceridade. A inabilidade de manter contato visual pode indicar desonestidade ou desconforto.

Quando você aprende a falar usando seu corpo, você verá que é muito mais fácil entregar sua mensagem do que usando apenas palavras. É muito útil ao deixar o tipo de impressão que você quer criar em quase todas as situações. Um embargo, entretanto, é manter em mente que nem todos interpretam linguagem corporal da mesma forma... muitas dessas regras são bem gerais... você aprenderá pela experiência e aperfeiçoamento a ter consciência de como as pessoas estão te respondendo.

Capítulo 5   Estratégia Básica de Análise de Pessoas

Agora que você sabe mais sobre analisar a si mesmo, é horar de passarmos a analisar os demais. Como discutimos no capítulo 1, existem vários benefícios em ser um AP (Analista de Pessoas), então não voltaremos a falar disso aqui. Apenas saiba que trabalhar suas habilidades de análise pode tornar sua vida menos estressante. Analisar as pessoas pode ser complicado e difícil, pois é assim que os humanos são. Porém, existe um sistema a ser usado para colocar seus pés em base sólida e adquirir um "sentimento" claro da pessoa.

Os três níveis de análise

Quando você conhece alguém pela primeira vez, você é completamente cego a personalidade da pessoa. Você também tem pouca informação sobre ela, a não ser o que você talvez escutou da boca de outros se você tem conhecidos em comum. Por onde você começa a análise? A estratégia básica para estudar as pessoas desde o primeiro encontro até um relacionamento profundo pode ser dividido em três níveis:

Nível 1
O primeiro nível de análise cobre os "traços gerais" de uma pessoa. Essas sãos as facetas mais óbvias da personalidade dela. Ela é sociável e extrovertida, ou quieta e introvertida? Ela é calorosa e faladora, ou mais reservada? Você geralmente consegue perceber rapidamente onde a pessoa se encaixa na escala de introversão – extroversão, mas para ser um bom AP, você deve tomar nota em sua cabeça e não deixar esse fato ser esquecido. Existem, também, outros fatos que você pode descobrir junto a pergunta da introversão/extroversão. Essa pessoa é mais emocional ou intelectual? Ela é visivelmente apaixonada por aquilo que está falando, ou possui uma abordagem mais racional à conversa? Sabendo onde ela se encaixa na escala emocional – racional o ajudará a entender suas reações futuras.

Nível 2

Você atinge o Nível 2 quando começa a descobrir mais informações quanto aos objetivos da pessoa, como elas vivem, como reagem a conflitos, e etc. A pessoa "vive o agora" e não demonstra preocupação quanto a planos futuros, ou ela se sente mais confortável com estrutura, organização, e cumprimento das regras. Alguém que "vive o agora" será mais espontâneo, adaptável a mudanças, e não muito preocupado em se encaixar em uma função específica. Uma pessoa de estrutura ficará ansiosa quando as coisas não saírem de acordo o plano e ficará contente quando estiver preparada.

Outra questão a se fazer: Ela é uma pessoa de "grandes ideias" que não se perturba com detalhes, ou o oposto? Por exemplo, se o interesse da pessoa tende ao alternativo e nicho, ela provavelmente é uma pessoa orientada por detalhes, enquanto alguém que simplesmente gosta de "esportes" e "filmes" gosta mais do contexto geral. Uma pessoa detalhista fixará em um aspecto de algo, enquanto alguém que vê o contexto geral verá o aspecto amplo do escopo.

Nível 3

Para alcançar o Nível 3, você precisa ter uma quantidade relevante de informação sobre a pessoa. Você pode alcançar o Nível 3 com seus amigos e família. Você já compartilhou muitas experiências com essas pessoas, e as viu em uma variedade de situações. Você sabe os que as torna desconfortáveis e onde elas costumam ser bem-sucedidas. No nível 3, um AP coletou informações e detalhes sobre a pessoa que estão analisando e pode dissertar sobre a personalidade dela. Ele pode até fazer afirmações sobre experiências passadas da pessoa que ela não compartilhou com os amigos. Como um exemplo básico, um AP percebe que seu amigo não gosta de gatos em uma situação com um gato por perto, ele percebe que este amigo sempre evita contato. O AP pode pressupor que o amigo já teve uma experiência ruim com um gato no passado.

Um AP no Nível 3 com alguém será um melhor amigo, parceiro, colega, e assim por diante já que ele sabe as forças e fraquezas da pessoa, e pode antecipar como aquela pessoa reage em uma variedade de ambientes e situações. O AP saberá como lidar com conflitos, como confortar, como confrontar, e mais.

Como você coleta informação sobre alguém?

Como exatamente um AP estuda uma pessoa? Como eles coletam toda essa informação que é usada para alcançar o Nível 3? A maneira mais óbvia é escutar o que a pessoa diz. Palavras e conversação revelam muito sobre a pessoa, mas, como um iceberg, a vasta maioria do que forma uma pessoa está escondido abaixo da superfície. Existem três traços para se prestar atenção se você quer descobrir o que as pessoas estão conscientemente ou subconscientemente escondendo: a linguagem corporal, a expressão facial e como eles falam.

Os capítulos a seguir vão esclarecer esses traços em detalhe, para que você possa entender o contexto geral do que eles querem dizer e como adquirir essa informação.

Capítulo 6 Linguagem Corporal
Para Entrevistas de Emprego

Uma entrevista de emprego é o primeiro e um dos mais importantes passos para conseguir um emprego. A chave para o sucesso na contratação para aquele emprego especial não depende apenas dos documentos que você enviou. Seu empregador em potencial considerará como você é, sua habilidade em demonstrar confiança em suas habilidades e no trabalho. Sabendo ou não, aquele empregador analisará sua linguagem corporal.

Tenha Consciência de Suas Ações

Tenha consciência de como seu corpo se move ou age.

Uma entrevista de emprega é essencial tanto para o empregador quanto para o candidato já que será a base da finalização da decisão acerca da aplicação para a vaga em aberto. Portanto, como o candidato, é relevante que ele ou ela esteja totalmente preparado para a entrevista de emprego. Você deve se lembrar que o empregador ou entrevistador não leva em conta apenas a forma como você se veste, suas credenciais, ou até suas respostas às questões. Sua linguagem corporal está sendo observada.

Sua linguagem corporal pode dizer ao outro que tipo de pessoa você é, suas emoções, e seu estado de espírito. Um empregador está procurando por um empregado confiante e competente. Portanto, você tem que saber e aprender a postura a se manter, os movimentos para impressionar, e os gestos a evitar durante a entrevista.

Se Você Quer Demonstrar Interesse

Para mostrar sinais de interesse, certifique-se de ter muito contato visual e mantê-lo. Contato visual é um sinal definitivo de que você está dando atenção à pessoa. Balançar a cabeça frequentemente e inclinar seu corpo em direção à pessoa indica que você está escutando-a.

Postura E Movimentos Corporais

Sua entrevista geralmente começará com um bom e firme aperto de mão. Lembre-se de olhar o entrevistador nos olhos e sorrir. A palma da sua mão deve tocar a palma da mão do entrevistador. Estenda seu braço e aponte sua mão para baixo. Isso te colocará imediatamente em uma sensação boa de confiança e relação um com o outro.

Deixe que o entrevistador guie o show. Sente-se quando e onde lhe for pedido. Uma boa postura para a entrevista é relaxada, mas com as costas retas, o queixo levemente para cima e os ombros para trás. Não se sente na ponta da cadeira, isso demonstraria que você está muito nervoso ou tenso. Simplesmente relaxe na cadeira, e coloque suas mãos no colo. Cruzar as pernas não é recomendado, mas se for escolhido está tudo bem, desde que o seu corpo esteja direcionado para o entrevistador.

Essa postura demonstra confiança, que a esse ponto você deve ter percebido que é algo que os empregadores gostam de ver.
Ter uma boa postura na verdade faz com que as pessoas te tratem de maneira

diferente. Eles te tratarão com mais respeito.

Movimentos Para Impressionar

Ao responder, utilize suas mãos. Mostrar a palma da mão ao explicar algo indica que você está relaxado, honesto, e confiante. O entrevistador pensará que você sabe sobre o que está falando. Se você quer enfatizar algo, você pode usar o punho cerrado; embora esse não seja um gesto indicado durante uma entrevista.

Você pode mostrar interesse e que está escutando atenciosamente ao entrevistador através de movimentos com a cabeça. Acenar com a cabeça é um reforço de que você entendeu ou concordou com o que ele ou ela disse. Apesar de existir ideias que você gostaria de opor, concordar ainda é preferível a discutir. O último pode ser a razão pela qual você não conseguirá o emprego.

Gestos Para Evitar

Evite relaxar a postura, pois indica preguiça e tédio. Também não flexione seus músculos; isso lhe fará parecer rígido, fazendo você parecer nervoso e sem confiança. Ou pode dar a impressão ao seu entrevistador de que você está escondendo algo dele, ou não possui interesse no emprego. Não coloque as mãos no bolso, isso reflete ansiedade e desconforto. Falta de confiança é muito bem transmitida ao bater o seu pé, bater com os dedos ou inquietação.

Você pode movimentar as mãos enquanto fala, mas não exagere. Movimentos em excesso podem distrair.

Existem vários gestos considerados rudes pela maioria das pessoas, ou que passam a ideia de que você está evitando interagir com eles. Isso inclui cruzar os braços na altura do peito, segurar objetos como livros ou bolsas em frente a você, checar o tempo no relógio, coçar o queixo, ficar de pé muito perto, encarar, cerrar os olhos, forçar sorriso, colocar a mão na cintura, tocar o rosto frequentemente, piscar mais que o normal, bater com o pé, e muitos outros. A maioria desses gestos é feito inconscientemente, mas, apesar disso, as pessoas com as quais você está conversando podem se sentir ofendidas por essas ações.

Outro gesto que você deve evitar é o movimento frequente do olhos. Evitar o olhar do entrevistador fará com que ele pense que você não está escutando ou está entendiado e desinteressado.

Capítulo 7   Seis Erro de Linguagem Corporal

Você tem uma grande noção de como o corpo se expressa, como ler os outros, e como usar a linguagem corporal para criar uma conexão forte com alguém. Antes de você levar esse conhecimento para a rua, é interessante que você fique atento a alguns dos erros mais comuns que as pessoas fazem. Lembre-se, você não precisa aprender pelos próprios erros o tempo todo.

Tente não se preocupar se você perceber que cometeu algum desses erros, todos nós cometemos! Olhar para os erros é uma das melhores formas de aprendizado, enquanto se impedir de fazer algo é geralmente mais fácil do que se lembrar de adicionar um pequeno gesto a sua interação toda vez que fala com alguém.

O Menino e O Lobo

Uma das coisas mais importantes para fazer com linguagem corporal é ser consistente entre o que você diz através do seu corpo e o que você está pensando. Você só pode mentir até um certo grau até que o seu corpo começa a te trair, e se você estiver ou não tentando enganar alguém, eles começarão a pensar que é esse o caso se você exibe muita confiança enquanto a situação não exige.

Por Quê Você Tem Que Ser Tão Rude?

Não existe um motivo para aprender sobre linguagem corporal se você vai simplesmente ignorar o que aprender. Se você está escutando a uma palestra que você acha chata, não fique olhando para o relógio, sente tão na ponta da cadeira a ponto de cair, ou fique inquieto. Esse é um ótimo momento para praticar a observação da linguagem corporal!

Se alguém fala com você, certifique-se de fornecer o contato visual e usar a linguagem corporal que demonstra interesse atenção. Isto é, a não ser que você não queira demonstrar interesse a ele, nesse caso faça o oposto. Pode ser difícil dar atenção e respeito a alguém com a linguagem corporal se você estiver nervoso, se não gostar da pessoa, ou se você está cansado e simplesmente sem interesse pelo que ela diz. A melhor opção é apenas sentar ou se levantar e tentar fazer o máximo de contato visual possível até que uma oportunidade de terminar a interação surja.

Se você percebe que fica nervoso ou acha que é desajeitado socialmente tente fazer com que o ambiente lhe ajude. Sentar lateralmente a alguém pode tornar a interação menos intensa e conflituosa ao criar mais espaço aberto e proximidade entre outros, assim como olhar para baixo e escrever enquanto você dá uma pause de olhar para os outros.

Ser Um Pouco Pedante Demais

Então, você aprendeu quais aspectos da sua linguagem corporal transmitem felicidade e respeito? Não comece tentando usá-los como feitiços mágicos em um videogame. A linguagem corporal precisa ser usada naturalmente ou os demais pensarão que você está escondendo algo, ou que você está irritantemente feliz ou bem-intencionado. Se você está tentando vender algo ou intimidar pessoas com sua linguagem corporal não se surpreenda se elas perceberem o que você está fazendo. Gestos com as mãos devem ser usados com moderação e não devem ter o risco de acertar os outros no rosto. Sua postura não tem que estar sempre perfeita ao ponto de você parecer um soldado desfilando.

O principal objetivo com a linguagem corporal deve ser enganar a si mesmo a ter uma emoção em particular, não enganar os demais para que você se sinta já que o primeiro funciona melhor e o último tem o efeito oposto ao que você almeja alcançar.

Falta De Assertividade

Assertivo pode não ser a palavra correta aqui, mas, pelo menos você sabe como deve agir além da vaga ideia de "não ser confiante". O que você precisa evitar é ter como padrão ser submissivo quando algo lhe é perguntado ou ao falar com alguém que você precisa estabelecer uma conexão. Isso pode significar ter certeza de que você mantém contato visual e apenas interrompê-lo olhando para os lados e não para baixo. Pode significar estar disposto a questionar os demais quando você pensa que algo não está certo e dirigir o tópico de uma conversa.

Em termos mais gerais você quer evitar gestos de mão infantis ou grosseiros. Se você acha que está balançando muito as mãos então gentilmente coloque-as em seu colo ou em cima da mesa. Você não quer vê-las confusas ou fora de controle ao ser muito expressivo com sua linguagem corporal. Ter um aperto de mão fraco é talvez um dos exemplos mais infames de falta de assertividade.

Dominância Do Mundo

Sim, a vida não é justa. De um lado você pode parecer muito frágil e fraco e então, do outro lado, algumas vezes as pessoas te acham muito dominador. É por isso que interpretar a linguagem corporal é tão importante quanto usá-la corretamente. Muitos acreditam que vistosas demonstrações de confiança e bravata são as melhores opções na maioria dos momentos. Mas confiança vem de várias maneiras, e em certas situações, tentar se exibir ou ser muito intenso fará parece que você está tentando muito impressionar os outros, ou que você simplesmente não tem noção.

Se você está lidando com alguém mais reservado, quieto, nervoso, ou talvez não muito confiante em si mesmo, você deve se adaptar a isso. Essas pessoas geralmente querem espaço e uma linguagem corporal mais calma de você. Isso significa não chegar muito perto, não os pressionar muito a falar, e não ser tão aberto com seu corpo a ponto de deixá-los desconfortáveis.

Ler isso pode ser difícil inicialmente, e você precisará aprender a combinar o nível de energia com as outras pessoas. Espelhar e combinar, e ler os demais através das linhas de base lhe ajudará muito nesse aspecto.

Saber o seu lugar na sociedade hierárquica é muito importante também. Se você tentar ser muito assertivo com um superior, ou até mesmo um idoso, isso pode levá-los a pensar que você é desrespeitoso e arrogante. Isso também pode não ser sempre tão óbvio como parece inicialmente. Você pode tecnicamente superar em ranking a secretária do escritório, mas se ela está no negócio a muito tempo você vai querer demonstrar respeito a ela já que ela tem mais poder que você em certos aspectos apesar de você "superá-la" na hierarquia do escritório.

Insensibilidade

Seguindo a partir do último erro, ser insensível aos sentimentos e normas do lugar onde você se encontra é frequentemente um grande erro quando falamos de linguagem corporal. Na maioria dos casos se você está sendo insensível com sua linguagem corporal, é porque você não está sendo sensível com seus pensamentos e comunicação. Entretanto, algumas vezes você pode acabar cruzando os braços na altura do peito porque está frio ou você acha confortável. Então tenha certeza de prestar atenção ao que você está fazendo quando mais importar. Existe uma curva de aprendizado em certas situações, e ela pode ser íngreme. Se você nunca teve que cuidar de alguém machucado antes é difícil ter certeza de que você está usando a linguagem corporal correta e reconfortante.

Pessoas que nunca tenham passado tempo com crianças acharão a linguagem corporal a ser utilizada com elas desconcertante porque, frequentemente, ela não bate com aquilo que elas tem utilizado há tempos já que as crianças, geralmente, não são acostumadas com as normas sociais. Certifique-se de estar alerta, atento, e sensível à situação a qual você se encontra, o que uma pessoa pode esperar de você e o que você está fazendo com o seu corpo e se isso atende as expectativas.

Capítulo 8 Mitos da Linguagem Corporal

Você tem uma visão global acerca de diferentes partes do corpo e como elas podem indicar diferentes coisas, mas existem também vários mitos acerca da linguagem corporal circulando que sugerem coisas improváveis ou fornecem a impressão incorreta acerca da linguagem corporal. Essa seção cobrirá e dissipará alguns desses mitos difundidos.

Eles Não Estão Olhando – ELES DEVEM ESTAR MENTINDO!

É muito comum tanto ouvir quanto ler que pessoas que não fazem contato visual tem algo a esconder e que fazem a maioria das pessoas desconfortáveis. Entretanto, isso é facilmente desmentido. Você consegue lembrar dos momentos que alguém evitou contato visual? Ele parecia malicioso, maldoso ou enganoso? Muito provavelmente ele parecia nervoso ou tímido. Contato visual é importante pois demonstra que você está prestando atenção e mostra confiança e força. Isso não quer dizer que contato visual tenha qualquer valor moral intrínseco.

Você Pode Achar Facilmente o Mentiroso...

A verdade é que as pessoas são excepcionais em mentir para você com suas palavras e seu corpo: a melhor maneira de perceber se alguém está ou não mentindo para você é usar o raciocínio básico. Se você pensar sobre a maioria das mentiras que você conta fica claro o porque disso não ser verdade. Com frequência, você mente sobre coisas que você não tem certeza, ou coisas que você de alguma maneira acredita ser verdade. Seu corpo não mentiria se você não tivesse certeza que é de fato mentira desde o começo.

Por outro lado, se você conhece bem alguém e já identificou seus tiques, que são, em essência, ações comportamentais que eles fazem quando mentem, então você pode usar isso como um medidor para perceber se eles estão mentindo. Todos operam em hábitos e a maioria das pessoas tem tiques ou ações que fazem quando mentem, isso pode ser tão simples como fungar, bater os dedos na mesa, ou coçar o queixo.

Linguagem Corporal Forte e Dominante = PODER

Pode ser muito tentador pensar dessa forma, mas a realidade é que você frequentemente trabalhará para pessoas que não projetam seu poder através de posições machistas, mas através de controle sútil de uma sala com autoconfiança. Essas pessoas dificilmente lidam com situações através de posicionamentos fracos, ou postura fechada, mas, elas podem até não usar gestos poderosos ou linguagem corporal tão frequentemente e mesmo assim elas são respeitadas. Tentar alcançar poder em uma situação na qual ele não te pertence pode acabar te gerando inimigos ou fazendo com que os demais sintam como se você estivesse ultrapassando uma linha. A linguagem corporal poderosa é útil, mas ela não garante a você por si só poder e os outros perceberão o que você está tentando fazer.

(93% da Comunicação é Não Verbal)

O dado de '7% da comunicação é o que você diz' foi mencionado anteriormente e vem de um estudo de 60 anos atrás que é baseado em alguns testes específicos. Em novos estudos, pesquisadores não encontraram uma importância nem tão perto de grande quanto ao que o corpo pode comunicar aos demais, e, realisticamente, os demais não são tão habilidosos em entender linguagem corporal por si só.

Mais cedo, foi dito que você deve considerar como se comunica com alguém que não fala sua língua, e enquanto você geralmente se vira sem falar o mesmo idioma, imagine fazer isso sem quaisquer adereços ou contexto e unicamente usando seu corpo. Se a comunicação fosse até menos perto de 93% em linguagem corporal então as charadas sequer seriam um jogo!

O que essas estatísticas fazem é demonstrar quanto de nuance existe na forma com a qual nos comunicamos. As palavras que dizemos são apenas uma parcela de um escopo muito mais largo de ferramentas e as várias estatísticas sobre como isso se mostra em porcentagens não são tão importantes quanto pensar sobre como você está se comunicando e o que é significante.

Você Pode Ler Mentes...

A linguagem corporal pode dizer-lhe muito e é uma forma importante de aumentar empatia e se expressar de maneiras mais completa. Entretanto, o fato é que você pode usá-la apenas para ajudá-lo a fazer adivinhações e generalizações.

Se alguém lhe apresenta uma linguagem corporal fechada e franze a testa é provável que ele não esteja se sentindo bem, mas você não pode concluir muito além disso. Eles poderiam simplesmente estar com dor de barriga. Truques de mente Jedi estão muito distante quando falamos de linguagem corporal, mas quando você alcança um alto nível de proficiência, você ficará surpreso com a quantidade de vezes que acertará suas leituras frias ao observar e interpretar como as interações sociais realmente se deram.

Conclusão

Obrigado por escolher esse livro e tomar seus primeiros passos para melhorar suas habilidades de comunicação ao aumentar o entendimento da linguagem corporal! Eu espero que você seja capaz de usar o que foi compartilhado de forma efetivo e fazer de si mesmo mais feliz, mais confiante, e mais realizado na vida.

O próximo passo é começar a colocar o que você aprendeu em ação nas ruas. Experimente com a família e amigos para ver se eles o espelharão quando vocês estiverem em sintonia e perceber como eles respondem quando você fizer certos gestos ou movimentos. A melhor maneira de usar uma linguagem corporal mais amigável e efetiva é praticar quando não importa, quando você está simplesmente fazendo as compras da semana ou dando direções a alguém na rua. Assim que você estiver acostumado aqueles ao seu redor estarão mais felizes e confortáveis, e isso se tornará comportamento automático para você.

O mais importante é usar a linguagem corporal responsavelmente e não esquecer que os demais estão te observando e escutando o que você diz com o seu corpo. Tentar intimidar ou tirar vantagem dos demais com linguagem corporal não é uma boa estratégia para ser bem relacionado ou manter amizades de longa duração. Um bom entendimento da linguagem corporal não substitui habilidades de uma pessoa forte, uma boa base de conhecimento, ou trabalho duro. A linguagem corporal, ao invés disso, melhora essas coisas quando feita corretamente e te dá confiança e força para ser a melhor versão possível de si mesmo e parar de esconder hábitos ruins que você pode ter adquirido no passado.

Parte 2

INTRODUÇÃO

Quero agradecer e te parabenizar por adquirir o livro.

Este livro contém etapas comprovadas e estratégias de como usar linguagem corporal em diversos tipos de interações sociais para conquistar diferentes objetivos sociais.

Este livro o ajudará a entender e pôr em prática diferentes tipos de comunicação não verbal. Utilizando os princípios e as instruções neste livro, você aprenderá os melhores tipos de linguagem corporal para usar em diferentes tipos de situações sociais.

Praticando estes princípios, você estará apto a melhorar muitos aspectos de sua vida como seus relacionamentos, sua carreira profissional e sua vida social em geral.

Agradeço novamente por adquirir este livro, espero que você se divirta!

Capítulo 1: Linguagem Corporal: Os Segredos da Comunicação Não Verbal

O estudo da linguagem corporal é recente, mas já nos contou muito sobre o modo como socializamos com as pessoas ao nosso redor. A linguagem corporal nos permite o privilégio de aprender os verdadeiros motivos de outras pessoas quando interagem.

Antes de começarmos a aprender sobre linguagem corporal, nós apenas víamos a fala como único meio de comunicação. Agora aprendemos que além da fala, também fazemos uso de meios não verbais de comunicação para transmitir nossas mensagens com mais eficiência. Usamos a linguagem corporal passivamente. Estamos usando-a para nos comunicar sem realmente perceber.

Embora todos nós façamos uso da linguagem corporal, nem todos sabem como ativamente interpretá-la. Somos naturalmente programados para interpretar a linguagem corporal mas o fazemos em um nível subconsciente.

Vemos os sinais e signos da linguagem corporal de outras pessoas e reagimos a eles. No entanto, muitos de nós não conseguimos explicar por que reagimos de um certo modo a esses sinais não verbais.

Esta é a razão de estudarmos comunicação não verbal. Se aprendermos como a linguagem corporal funciona, seremos capazes de perceber como nossa mente funciona. Também seremos capazes de ativamente usarmos a linguagem corporal para alcançar nossos próprios objetivos pessoais.

Ler e reagir à linguagem corporal com precisão é uma força ainda à ser inteiramente explorada. Pelo propósito de organização, precisamos analisar as diferentes partes do corpo e como são usadas passivamente. Apenas no nosso rosto, temos muitas características que podemos observar quando estudamos comunicação não verbal. Seus lábios e seus olhos são os mais frequentemente observados. No entanto, podemos ainda notar o franzir de específicas partes do nosso rosto quando sentimos certas emoções.

Outra característica importante que precisamos observar são nossos gestos. Movimentos com as mãos são raramente controlados. Quando reagimos à certos estímulos, nossos reflexos nos fazem mover antes mesmo de pensarmos em fazer algo. Este é o mecanismo de sobrevivência que nos permite agir rapidamente face ao perigo. Estes gestos são também sinais que dizem às outras pessoas como nos sentimos e o que pensamos.

Nossa postura também é uma forma de comunicação não verbal. O modo como ficamos de pé, sentamos e andamos dizem muito sobre nós e o quão confiantes somos. Mudar nossa postura ao sentarmos quando conhecemos alguém atraente, por exemplo, é um uso comum de linguagem corporal.

Importância da Linguagem Corporal

Nossa linguagem corporal afeta não somente o modo como conversamos mas também nosso sucesso em nossas carreiras, finanças e vidas familiares. Qualquer profissão que envolva interação com pessoas pode fazer uso da linguagem corporal. Aprendendo como usamos e como outras pessoas a usam, podemos tomar controle de uma habilidade que pouquíssimas pessoas dominaram.

Se quiser tomar controle das mensagens não verbais que você manda para o mundo, você deve tomar controle da sua linguagem não verbal.

Capítulo 2: Melhorando Seu Carisma e Habilidades de Persuasão

Carisma e persuasão andam de mãos dadas. Se você tem carisma, persuasão é mais fácil de adquirir. Pessoas carismáticas têm muitas características benéficas que incluem movimentos corporais agradáveis quando estão na frente de uma multidão. Também podemos nos tornar carismáticos ao fazermos uso de nossa linguagem corporal.

Carisma ou charme é o nosso grau de apreciação. Para sermos capazes de construir carisma, precisamos criar uma boa impressão nas pessoas ao nosso redor. Devemos não apenas ter um bom relacionamento com elas mas também fazê-las se sentir importantes.

Entregando a Mensagem Certa

Se você quer usar a linguagem corporal para se tornar carismático, você deve aprender sobre as qualidades que fazem as pessoas serem cativantes. Há algumas respostas óbvias como confiança e ser emocionalmente seguro. As pessoas também são atraídas por personagens misteriosos, mas também querem uma certa quantidade de previsibilidade e você precisa encontrar um bom equilíbrio entre estas características.

Pessoas cativantes também emitem uma aura positiva mas ainda permitem que os outros sejam eles mesmos. Também são astutas no modo como interagem. Elas não mostram confronto direto com outras pessoas. Elas travam suas batalhas sociais atrás das cortinas, onde outras pessoas não as verão em um conflito.

Agora que você sabe as qualidades que fazem uma pessoa cativante e carismática, é hora de aprender como incluí-las em sua linguagem corporal. Confiança pode ser mostrada ao ficar de pé ou sentar ereto enquanto levanta o peito. Manter o pescoço reto também permite que você pareça confiante.

Você também será mais convincente e persuasivo se escolher o momento certo de sorrir. Você nunca deve sorrir quando estiver em uma situação tensa. Sorrir nessas situações é um sinal de fraqueza e submissão. Você deve somente sorrir quando estiver verdadeiramente feliz.

Você também deve fazer uso de gestos socialmente aceitáveis quando conhecer pessoas. Esses gestos diferem de cultura para cultura, mas nas sociedades ocidentais usamos o aperto de mão. Seu aperto de mão deve ser firme e você deve sempre olhar para a pessoa cuja mão está apertando. Isto dará às pessoas uma boa primeira impressão sua. Se você for convencer alguém de um acordo ou contrato, o aperto de mãos no começo de uma reunião é uma forma de preparação da mente. Cria a ideia de um acordo fechado e contrato feito. Se fizer isso, há uma probabilidade maior de fechar um contrato.

Um dos melhores meios de persuadir outros a fazer o que você precisa que façam é mostrar que também é para o benefício deles que te sigam. Muitas pessoas também fazem isso ao fazer favores a outras pessoas. Ao fazer favores, estão invocando a lei da reciprocidade nas suas mentes. Elas se sentem obrigadas a fazer o que pedimos que façam.

Seu poder para fazer isso se torna mais forte se mostrar às pessoas ao seu redor que você é importante através de sua linguagem corporal. Outras pessoas querem fazer coisas para você se elas acharem que você é importante. Você pode fazê-las sentirem que você é importante usando os movimentos corporais carismáticos discutidos acima.

Capítulo 3: Construindo Seu Poder de Negociação

Suas habilidades de negociação serão muito melhoradas pela sua habilidade de usar comunicação não verbal. Por exemplo, se você for desleixado em uma negociação, seu oponente pensará que você está enfraquecendo e isto o permitirá ganhar confiança à medida que a negociação continua.

Assim como melhorar sua habilidade de persuadir, você deve também mostrar poder quando estiver em uma mesa de negociação. Deve sempre começar com um aperto de mão firme. Um aperto de mão poderoso fará seu oponente ficar desconfiado e ele terá ciência que você é a pessoa mais poderosa da sala.

Quando negociamos, devemos privar nosso oponente do privilégio da nossa completa atenção quando ele estiver falando. Quando ele estiver fazendo seu caso ou tentando fazer com que você concorde com os termos dele, ouça-o mas faça parecer que sua atenção está dividida. Você pode olhar pela janela enquanto ele fala ou arrumar sua roupa enquanto ele tenta te fazer ouvi-lo. Quando ele estiver falando, nunca pareça estar interessado na mensagem dele. Pode também incluir interjeições que irão interromper a fala dele. Alguns exemplos de palavras que você pode usar são: "sério", "interessante", "mm hmm". Estas palavras podem fazê-lo pensar que você está escutando mas sua verdadeira intenção é interromper a linha de raciocínio dele.

Você deve tomar a frente o mais frequentemente possível quando estiver em uma mesa de negociação. Sempre interrompa as outras partes quando discordar do que disserem. Nesses tipos de reuniões, a chance de falar é uma forma de poder. Se você tiver mais chances de falar, terá mais oportunidades de fechar um acordo e convencer as outras partes dos termos que você quer. Quando você interromper outras pessoas enquanto estiverem falando, certifique-se que seus gestos são exagerados e facilmente vistos. Levantar-se de repente, por exemplo, certamente ganhará a atenção das outras pessoas e as fará parar de falar. Quando eles pausarem no momento que você se levantar, é o momento para você tomar a frente.

Você deve certificar-se de sempre saber do que está falando e nunca permitir que o silêncio incômodo aconteça quando estiver falando. Pode fazer isso certificando-se de sempre estar na negociação preparado.

Também deve estar ciente dos sinais que seu oponente está ficando cansado e é o momento de tentar fechar o negócio nos seus termos. Suspirar e bocejar são os sinais óbvios mas você também deve procurar por outros como ombros caídos ou olhos semicerrados. Quando estamos cansados e estamos sentados há algum tempo, nossa postura tende a decair.

Quando a atenção estiver em você, sua energia deve estar alta e deve se certificar que sua mensagem será entregue convincentemente. Seu domínio irá preveni-lo de mostrar quaisquer sinais de fraqueza. À medida que você se torna mais confiante como um negociador, será capaz de fechar mais negócios com seus termos e nunca permitir que ideias de outras pessoas te detenham.

Capítulo 4: Linguagem Corporal Aumenta Nossas Habilidades de Comunicação

Uma pessoa consciente sobre linguagem corporal sabe como mandar as mensagens certas em comunicação verbal e não verbal. Há muitos livros que lhe ensinarão sobre o uso da linguagem e da fala para ser um excelente comunicador. Este livro será focado nas habilidades de comunicação não verbal que você pode usar para ser melhor ao mandar sua mensagem e conseguir a reação certa.

Grandes Comunicadores Mostram Interesse Genuíno

Um bom comunicador pode te fazer sentir confortável simpatizando com você. Você se sentirá acolhido e feliz por falar com ele porque sente que ele tem interesse no que você está dizendo. Se quiser mostrar que tem interesse genuíno nas outras pessoas, deve olhá-las sem hesitação quando estiverem falando. A posição do seu corpo também deve estar voltada para elas. Um aceno de cabeça suave também as fará saber que você está escutando.

Grandes Comunicadores Mostram Que Sua Mensagem é Muito Bem Pensada

Você pode mostrar isto se certificando de expressar suas mensagens propriamente antes de dizê-las. Isto evitará o uso de sons que preenchem a sua fala como "uhm" ou "ah". Você também pode reforçar sua mensagem através de gestos para conseguir mandá-las mais adequadamente. Gestos rápidos fazem as pessoas achar que você tem certeza do que está falando. Praticar seus gestos em frente ao espelho os tornarão mais naturais quando estiver mandando sua mensagem.

Grandes Comunicadores Melhoram Suas Habilidades Não Verbais

Um dos melhores meios de melhorar suas habilidades é seguir um mentor no seu trabalho ou na sua família. Todos temos alguém que admiramos. Gostamos de estar ao lado dessa pessoa e adoramos escutar o que ela tem a dizer e vê-la andar e gesticular. Você deve encontrar um mentor de linguagem corporal na sua vida profissional ou familiar para imitar.

Ao observar seu mentor, olhe para seus hábitos e maneirismos que outras pessoas não fazem. Podem ser pequenos gestos, expressões faciais ou o modo de falar. Você também deve perceber as mudanças no modo como seu mentor se porta em diversas situações de confronto. Observe a diferença em sua postura ao ficar de pé e sentar quando está em um ambiente descontraído e em uma situação tensa.

Grandes Comunicadores são Especialistas em Espelhar Seu Público

Quando estiver falando com uma pessoa que acabou de conhecer, pode construir uma conexão mais rápida espelhando os movimentos dela. A outra pessoa terá a impressão que vocês têm algo em comum. Isto tornará o ambiente mais favorável à comunicação até com estranhos. Quando você espelha o comportamento de outras pessoas, elas ficam mais abertas à sugestões como te fazer um favor ou fechar um negócio.

Capítulo 5: Linguagem Corporal e Maior Percepção nos Relacionamentos

Seu conhecimento no uso da linguagem corporal pode ser usado em qualquer tipo de relacionamento. Pode usá-lo para aprender sobre os interesses de outras pessoas em você. Também pode ser usado para saber a disposição dos seus membros da família.

Detectando Interesse

Ao mostrar interesse, as mulheres são estatisticamente mais propensas a usar linguagem corporal. Elas verbalizam menos sobre seu interesse pelos homens mas o mostram por outros meios para motivá-los a dar o primeiro passo.

No entanto, isto vai contra as mulheres, pois muitos homens não são bons em detectar esses sinais. Eles são programados para pensar que qualquer sinal de simpatia amigável é um sinal para se aproximar.

Por sua vez, quando um homem mostra interesse através da linguagem corporal, ele não está tentando motivar a mulher e fazê-la se aproximar, ele está tentando mostrar que tem qualidades de um bom parceiro. É composto basicamente de qualidades físicas como um bom físico e feições agradáveis.

Detectando Raiva

Também se faz necessário detectar raiva entre as pessoas que nos cercam. Mulheres tendem a mostrar raiva de um modo diferente dos homens. Homens são verbais e falam diretamente sobre sua raiva. Homens maduros usam lógica ao falar sobre coisas que os chateiam enquanto homens menos maduros transferem a raiva. As expressões faciais dos homens facilmente mostrarão que estão zangados. Seu olhar se torna mais intenso e seus músculos do maxilar se destacam.

Mulheres, no entanto, mostram raiva evitando o assunto que as incomodaram. Quando perguntadas, elas dirão expressões comuns como "nada" ou "tanto faz". Você saberá que estão chateadas pois elas evitarão ao máximo dar-lhe qualquer sinal de atenção carinhosa. Este é o modo delas de mostrar raiva.

Saber Quando Ela Está Perdendo o Interesse

Um homem deve estar ciente dos sinais que uma mulher está perdendo o interesso nele e seguir os passos necessários para ter certeza que o relacionamento se mantenha intacto. Em muitos casos, mulheres tendem a esconder sinais de vulnerabilidade quando estão perdendo o interesse. Evitam mostrar partes do corpo que são sensíveis ao toque como o pulso e a região interna dos braços. Também evitam expor o pescoço. Mulheres dominantes que não querem mostrar vulnerabilidade usarão o espaço ao seu redor. Ao carregar uma bolsa, mulheres que não se sentem confortáveis com seus parceiros se agarram nela e não deixam o homem chegar perto.

Um homem pode ganhar novamente o interesse dela fazendo gestos que ela considera significativos. Cada mulher tem uma definição diferente de gesto significativo e é responsabilidade do homem saber o gesto correto.

Capítulo 6: Linguagem Corporal Eleva Habilidades Sociais

Suas habilidades ao se apresentar socialmente são importantes na sua carreira e vida social. Muitas pessoas de carreira no passado criaram personas que usavam quando estavam em eventos sociais. Como um ator interpretando um papel, praticavam seus gestos, seu andar bem como sua postura ao ficar de pé. Somente com a prática você pode recriar consistentemente sua persona e o melhor modo de praticar é estar em eventos sociais todo o tempo.

Quando estiver em tais eventos, você precisa ter objetivos claros na imagem que está tentando projetar. Se quiser que pessoas achem que você é poderoso, precisa mostrá-las pelo que você se move. Quando a atenção delas estiver em você, deve saber o modo certo de se comportar. Seus movimentos e sua linguagem corporal dizem muito sobre seus papéis na sociedade.

Muitas das interações sociais são estabelecidas na sua primeira impressão com as pessoas. Você deve estabelecer sua persona desde a primeira vez que conhece uma pessoa. Se falhar em estabelecer sua imagem desejada neste momento de interação social, você terá dificuldades em mudar a percepção das pessoas sobre você no futuro.

Ao estabelecer que você é sua primeira impressão, precisa considerar alguns fatores. Primeiro, precisa considerar a imagem que quer projetar. Seu objetivo é mostrar a imagem certa ao seu público. Algumas pessoas praticam os movimentos e discursos que precisam transmitir para conseguir essa imagem desejada. Também deve considerar o uso do seu espaço. Homens por exemplo, geralmente tentam usar gestos largos para mostrar que são dominantes. Se domínio é o seu objetivo, também deve fazer o mesmo. Incluído no uso do espaço está também o alcance dos movimentos que usa para gesticular. O aperto de mão também é um importante fator a se considerar.

Você não precisa considerar estes fatores quando comparece em eventos informais com amigos mas eles são importantes se estiver em eventos profissionais como entrevistas de emprego ou discutindo um acordo de negócios.

Em muitas interações sociais, você precisa ter certeza de parecer poderoso. Para conquistar esta imagem, precisa escolher sua posição ao estar em um grupo. Pessoas poderosas geralmente se posicionam onde ficam mais altas que os outros ou se fazem mais destacáveis. Você deve exercitar este mesmo processo de tomada de decisões ao escolher cadeiras à mesa. Evite posições onde pareça insignificante ou estranho. Geralmente, estes são lugares onde você parecerá pequeno ou inseguro.

Se quiser parecer amigável, seu objetivo é mostrar interesse genuíno pela pessoa com a qual está falando. Se quiser usar de política, precisa saber quem está encarando e precisa agir de acordo com a posição ou poder daquela pessoa. Utilizando linguagem corporal, você facilmente alcançará seus objetivos em situações sociais importantes.

Capítulo 7: Aprender Linguagem Corporal Promove Autoconfiança

Alguém que sabe como agir em público fundamentalmente ganhará autoconfiança em qualquer tipo de interação social. Encarar uma multidão e encarar pessoas novas são algumas das experiências mais assustadoras para algumas pessoas. Mas grandes comunicadores prosperam nestes tipos de interações. Eles não fogem de tais oportunidades pois sabem que têm muito a ganhar.

Você deve também considerar as coisas que ganhará por ser confiante em seus movimentos corporais. Por exemplo, você aprimorará seus relacionamentos. Se está solteiro, terá uma melhor chance de sucesso ao conhecer os homens ou mulheres que merece. Se você já está em um relacionamento, será capaz de ganhar uma percepção valiosa deste relacionamento que pode ser usada para guiar seu comportamento.

Ao ser confiante no uso da linguagem corporal, você também terá uma melhor chance de aprimorar outras partes da sua vida que requerem interações sociais. Você pode aprimorar significativamente sua carreira profissional, bem como a saúde das suas finanças. Também conhecerá novas pessoas que podem fazer sua vida mais agradável.

Agora que sabemos as vantagens de usar de forma apropriada a linguagem corporal, você deve testar continuamente os efeitos dos diferentes movimentos corporais no comportamento das pessoas ao seu redor. Elas responderão de formas diferentes ao seu movimento e ao testá-los em diferentes círculos sociais, você saberá identificar quais são os mais efetivos para utilizar em eventos importantes.

Movimentos corporais têm diferentes efeitos nas pessoas ao seu redor. Há fatores que estão presentes apenas na sua situação única. Na maioria dos casos, sua cultura, religião, idade e etnia afetam as reações das pessoas para com sua linguagem corporal. Você só aprenderá os modos mais eficazes de linguagem corporal praticando-os com as pessoas ao seu redor.

Você deve escolher os movimentos que acontecem naturalmente. As expressões, gestos e movimentos mais apropriados para você dependerão do seu tipo físico e suas preferências quando se move. Ao escolher os movimentos que são apropriados para seu corpo, ganhará confiança quando usá-los na frente de outras pessoas.

Capítulo 8: Linguagem Corporal e Liderança

Alguém não pode ser um verdadeiro líder se ele ou ela não conseguem ganhar a confiança de outras pessoas. As pessoas estão mais propensas a seguir líderes que mostram linguagem corporal de coragem e confiança. Muitos conselheiros políticos fizeram suas carreiras baseadas em fazer outras pessoas parecerem que são aptas a liderar.

Você pode se tornar um líder mais efetivo ao exibir os mesmos gestos e expressões faciais que os mais famosos políticos mostram. Da próxima vez que vir o presidente aparecer na televisão fazendo um discurso, por exemplo, pode tomar nota da posição do seu corpo e gestos que ele faz. Deve também observar como os olhos se comportam bem como o movimento dos lábios quando fala.

Quando nos dirigimos a um grande grupo, por exemplo, nossa reação inicial é sorrir para acalmar a tensão. Muitas pessoas não seguirão um líder que inicia um discurso com um sorriso. Outras culturas veem o sorriso como um sinal de fraqueza ao invés de força.

Para ser um líder eficaz, você deve sempre mostrar que é o homem ou mulher certo(a) para o trabalho. Pode fazer isto mostrando que é a pessoa no comando. As pessoas sentirão que você está no comando se tiver domínio sobre seus seguidores.

Um líder dominante é um mestre no uso do contato visual. Quando ele ou ela está falando, não tem medo de olhar outra pessoa nos olhos. Os movimentos dos olhos de líderes eficazes também são controlados. Seu olhar deve estar onde planejou que estivesse. Os movimentos dos seus olhos devem ser suaves e não rápidos. Muitos líderes eficazes também não se importam de olhar para outra pessoa por longos períodos. Isto mostra confiança bem como força. Eles olham para outra pessoa com o propósito de assegurar que não pareçam rudes ou estranhos.

Um líder dominante pode fazer outras pessoas se sentirem bem através de seus movimentos. Quando está falando com outras pessoas, faz com que seu público se sinta importante. Faz isso deixando seu público saber através de seus movimentos corporais que está falando diretamente com eles. Para fazer seu público saber que sua atenção está neles, você deve encará-los inteiramente com seu corpo. Olhe-os diretamente nos olhos e faça sua voz ficar mais grave quando falar. Quando se aproximar das partes mais importantes da sua mensagem, pode também cerrar levemente seus olhos. Este tipo de olhar é usado por muitas pessoas de sucesso como Donald Trump e Clint Eastwood.

Rebelando-se contra a autoridade

Se alguém estiver tentando exercer dominância sobre você, um rápido desvio de contato visual pode fazê-lo se sentir desconfortável. Pais geralmente pedem que seus filhos os olhem nos olhos quando estão falando. Privá-los de atenção é parecido com privá-los de poder. Para ser eficaz, você deve olhar para o lado e olhar para algo por um longo tempo quando alguém que tenta exercer autoridade sobre você estiver falando. Não deve olhar para baixo pois pode parecer submissão; similar a uma criança olhando para baixo quando é repreendida.

Quando alguém que tenta exercer sua autoridade se calar e for sua vez de falar, este é o momento que você o olha diretamente nos olhos. Este é o momento que você para de se rebelar contra a autoridade de outra pessoa e começa a exercer seu próprio domínio. Isto pode ser feito de uma forma muito sutil.

Quando um subordinado tenta se levantar contra seu líder, o líder não deve mostrar sinais de fraqueza ou imaturidade. Ele evita o subordinado quando este estiver forte e imponente. O líder somente interage com olhares e postura corporal quando ele tem o lugar e o poder de falar.

Capítulo 9: Desenvolvendo Inteligência Emocional

Aprender sobre linguagem corporal nos permite estar cientes dos pensamentos das pessoas ao nosso redor. Ao interpretar corretamente os movimentos de outras pessoas, conseguimos uma visão rápida dos seus motivos e pensamentos.

Devemos usar este conhecimento para ajustar nosso comportamento em resposta à linguagem corporal de outras pessoas. Isto nos fará mais sensíveis aos sentimentos e disposição dos outros.

Nosso conhecimento nos permite identificar os diferentes tipos de movimentos que as pessoas usam passivamente e interpretar seus significados com mais precisão. Não apenas usamos um movimento ou gesto. Podemos fazer uma interpretação mais precisa se observarmos mais de um sinal. Quando usamos mais de um sinal e todos apontam para a mesma mensagem, estamos agora mais perto de fazer uma boa conclusão.

É importante lembrar que você deve observar ativamente os movimentos de outras pessoas para coletar informações. Neste momento, devemos controlar nossa atenção e parar de ser muito egoísta. Uma das percepções mais importantes que conseguiremos ao observar outros são suas emoções.

Por exemplo, seremos capazes de separar felicidade genuína e falsa através das expressões faciais de uma pessoa. É comum entre humanos mostrar nossos dentes quando estamos felizes. As pálpebras inferiores levantam e a parte externa dos olhos começa a enrugar. As bochechas também levantam e rugas curvas aparecem nos lados do nosso sorriso.

Isto é diferente de um sorriso forçado. Neste tipo de sorriso, nossos lábios ainda estão sorrindo mas os pequenos detalhes como rugas e as pálpebras inferiores que levantam não existem. Quando uma pessoa é verdadeiramente feliz, a postura do corpo está aberta e os movimentos são geralmente para frente. Alguém de atitude fechada raramente mostra felicidade.

Surpresa, por outro lado, é geralmente indicada com olhos bem abertos. Quando estamos neste estado, há temporariamente mais luz entrando nos olhos. Rugas se formam na testa e o maxilar desce à medida que os músculos da boca relaxam. Os ombros levantam para nos permitir reagir a qualquer ameaça que possa ter causado a surpresa.

Pessoas fingindo surpresa geralmente não agem bem quando tentam imitar estas ações. Dizem que estão surpresas mas seus corpos não mostram nenhum desses sinais. Isto pode significar que já sabiam do ocorrido. Se disserem que estão surpresas, estão tentando te enganar por alguma razão.

Medo também indica sinais similares aos da surpresa. São ambos reações emocionais à alguma mudança no ambiente. Assim como uma pessoa surpresa, uma pessoa que demonstra medo levanta as sobrancelhas mas elas ficam próximas. O espaço entre as sobrancelhas também apresentará rugas. O corpo também se move para trás quando estamos com medo.

Tristeza, por outro lado, é uma emoção que preferimos não demonstrar aos outros. É uma emoção negativa que demonstra um momento de fraqueza. Você pode observar que alguém está triste se seus ombros estão curvados para frente e seu corpo inteiro falta energia. Os lados interiores dos olhos levantam e os lábios podem tremer às vezes. Lacrimejar acontece em casos extremos.

Identificando tristeza verdadeira, felicidade, surpresa e medo, podemos nos tornar mais sensíveis aos sentimentos das pessoas ao nosso redor e mais inteligentes emocionalmente.

Capítulo 10: Aprimorando Seus Relacionamentos Utilizando Linguagem Corporal

Você precisa de linguagem corporal para procurar e manter relacionamentos.

No começo de um relacionamento, a linguagem corporal é usada para conseguir a atenção de outra pessoa. No começo de um relacionamento romântico com outra pessoa, você deve demonstrar que tem interesse por ela. Ao mostrar interesse com seus movimentos, você manda sinais sem ser muito explícito ou previsível.

Se a outra pessoa ler seus sinais corretamente, ela pode tomar a iniciativa. Se você for aquele que deve tomar a iniciativa, precisa fazê-lo declarando para a pessoa que gosta. Neste caso, a linguagem corporal se torna importante na preparação dos pensamentos do outro. Isto evitará que a pessoa de seu interesse fique muito chocada com seu pedido por um relacionamento.

Você pode demonstrar sinais de interesse por outra pessoa usando todo seu corpo. Deve tentar ser sensual quando olhar para ele ou ela. Quando a pessoa estiver falando, olhe nos seus olhos. Gestos simples e oportunos também são úteis para mandar os sinais certos. Mulheres, por exemplo, podem morder os lábios quando estiverem sozinhas com a pessoa que gostam. Homens, por outro lado, devem utilizar contato visual próximo na mesma situação.

Pode também observar como outras pessoas agem quando estão com alguém que gostam. Geralmente endireitam a coluna e melhoram a postura. Outros encolhem a barriga. Estas ações nos fazem parecer mais saudáveis, portanto, melhores companheiros.

Homens e mulheres agem diferente nestas situações. Homens, por exemplo, endireitam a coluna para parecer mais altos com o tórax destacado. Isto os faz parecer orgulhosos e fortes como um homem ideal em um relacionamento deve ser. Homens também se tornam mais ativos nos movimentos dos braços, esforçando-se para demonstrar força com seus músculos. Muitos homens o fazem pois acreditam que isto os faz parecer mais atraentes ao sexo oposto.

Mulheres, por outro lado, geralmente inclinam a cabeça para o lado. Também é comum ver uma mulher agitar seu cabelo e expor o pescoço. Ela também pode endireitar sua coluna e arrumar o cabelo para fazer seu rosto mais visível. Estes gestos demonstram vulnerabilidade que são usados para dizer ao homem que tome a iniciativa. Uma mulher que mostra seu rosto também mostra confiança.

Assim como outros tipos de linguagem corporal nos outros capítulos, geralmente fazemos estes gestos sem pensar neles. Agora que você está ciente deles, pode usar seu conhecimento para observar as pessoas ao seu redor.

Também é importante que mantenha tais gestos mesmo quando já estiver em um relacionamento. Com frequência paramos de tentar quando estamos em um relacionamento longo e esta atitude nos previne de demonstrar a linguagem corporal correta.

Ao fazer ativamente estes movimentos, você estará apto a demonstrar ao seu parceiro(a) que ainda tem qualidades positivas de um grande parceiro mesmo estando em um relacionamento longo.

CONCLUSÃO

Agradeço novamente por adquirir o livro Manual Secreto da Linguagem Corporal e Comunicação Não Verbal!!

Estou muito animado em passar esta informação para você, e muito feliz que você leu e espero que consiga implementar as estratégias de agora em diante.

Espero que este livro o tenha ajudado a entender os princípios do uso da linguagem corporal e como usá-los em várias situações sociais.

O próximo passo é começar a usar as informações e viver uma vida feliz e de sucesso!

Por favor, não seja alguém que apenas lê as informações e não as aplica, as estratégias neste livro só o beneficiarão se você usá-las!

Se conhece alguém que possa se beneficiar das informações aqui apresentadas, por favor, o informe sobre este livro.

Finalmente, se gostou deste livro e sente que ele acrescentou valor à sua vida de qualquer modo, por favor, tome um tempo para compartilhar seus pensamentos e postar uma crítica na Amazon. Ficaria muito agradecido!
Obrigado e boa sorte!

www.ingramcontent.com/pod-product-compliance
Lightning Source LLC
Chambersburg PA
CBHW071905070526
44583CB00016B/1845